TODO LO INOLVIDABLE
Antología poética

ALEJANDRO GUILLERMO ROEMMERS

TODO LO INOLVIDABLE

Antología poética

Prólogo de Luis Alberto de Cuenca

VISOR LIBROS

VOLUMEN MCCCX DE LA COLECCIÓN VISOR DE POESÍA

Cubierta: Alex Robledo

Isaac Peral, 18 - 28015 Madrid
www.visor-libros.com

ISBN: 979-13-87745-40-0
Depósito Legal: M-9512-2026

Impreso en España - Printed in Spain
Gráficas Muriel. C/ Investigación, n.º 9. P. I. Los Olivos - 28906 Getafe (Madrid)

ALEJANDRO GUILLERMO ROEMMERS: UN POETA IMPRESCINDIBLE

Mi primer contacto con la poesía de Alejandro Guillermo Roemmers tuvo lugar en Madrid, en los últimos años del siglo pasado, con motivo de la presentación de un libro suyo en la Biblioteca Nacional, benemérita institución que tuve el honor de dirigir entre 1996 y 2000. Era un libro magnífico en forma y contenido y se titulaba *España en mí* (Ediciones Proa, Buenos Aires). Su lectura produjo en mí un gran impacto, de manera que participé esa tarde con rotundo entusiasmo en el acto de presentación del volumen, junto a poetas y, a la vez, especialistas en poesía argentina actual como Antonio Requeni, León Benarós, Roberto Alifano y Alejandro Vaccaro. Los poemas de *España en mí* se reeditarían más tarde en la editorial hispalense Renacimiento y en versión corregida y aumentada con el título de *España en mí y otros poemas*.

En el ínterin, Alejandro publicó otros libros, tanto en verso como en prosa, que lo auparon a un puesto de privilegio en la literatura argentina de los últimos cuarenta años. Ganador de innumerables premios a este y al otro lado del Atlántico, se ha convertido en uno de los escritores más leídos en España e Hispanoamérica. Con una suerte de continuación de *El Principito* de Saint-Exupéry rotulada *El regreso del Joven Príncipe* (2008) superó ampliamente la cifra de un millón de ejemplares vendidos en todo el mundo, teniendo en cuenta que constituía un originalísimo y certero homenaje a uno de los libros más populares de la literatura europea contemporánea. La facilidad con que se movía dentro de los cánones clásicos, facilitando que su mensaje llegara no solo a los lectores habituales, sino también a todos aquellos que se inician en la lectura por primera vez, lo indujo a escribir novelas como *Vivir se escribe en presente* (Berenice, 2021) y *Morir lo necesario* (Grijalbo, 2022). Su más reciente novela, *El misterio del último Stradivarius*, se ha erigido como otro de los *best sellers* de su autor, que en este caso ha recalado para su edición en el Grupo Planeta, con lo que la difusión de su obra narrativa ha dado un paso de gigante, de los que propician las botas de las siete leguas en *Le Petit Poucet* de Perrault.

Paralelamente a su exitosa producción en prosa novelesca, Alejandro Roemmers no ha descuidado en ningún momento su condición de poeta, que es, en mi opinión, la principal y más íntima que lo acompaña en la excelsa roturación de su escritura. Roemmers es un poeta de los de verdad, de los que dominan la música y los silencios de cada verso con una exquisitez rayana en lo genial. Hasta hace tres o cuatro años, Alejandro dio prioridad en su obra lírica al verso medido y casi siempre rimado, en una proclamación de principios que viene siendo habitual en todo escritor postmoderno que se precie de serlo. Eso trae consigo, en él y en otros muchos poetas entre los que me cuento, un evidente rechazo de esa otra poesía abanderada por el sinsentido que surge de los ismos de la vanguardia histórica con el solo propósito de deprimir y fastidiar al lector. Pero una vez formulada la norma que conduce a la claridad, inteligibilidad y comunicabilidad de la auténtica poesía, lo demás *va de soi*.

No creo equivocarme si afirmo que esta delgada antología personal, titulada *Todo lo inolvidable*, es voluntariamente breve. Y ello en la medida en que cuanto más comprimimos nuestros hallazgos, más entendemos por qué lo son. He llamado «postmoderno» a Alejandro Guillermo Roemmers porque me parece un poeta absolutamente moderno que ha conseguido ir más allá del entendimiento cordial entre tradición y vanguardia, proyectando sobre la cámara oculta de su espíritu el misterio irresoluble de lo que todavía no existe, o sea, del prefijo *post*. *Todo lo inolvidable* cabe en cuarenta y dos poemas donde el poeta, doblado en antólogo, ha elegido aquellos versos más comprometidos con el paisaje abstracto de sus sentimientos, y aquellos otros en los que reina la autobiografía. Hay sonetos, como en su etapa clásica, pero aparecen gozosa y libremente fundidos con los poemas de arte menor. Y digo «arte menor» por complacer a los metricistas, porque en esta guirnalda trenzada por Roemmers, en este *Canzoniere* amoroso que, como todos los de su género, hinca su raíz en Petrarca, solo hay arte mayor al margen de las sílabas, arte mayor con que Alejandro honra la lengua de Cervantes y Borges, que es como más me gusta llamar al español.

Más allá de los méritos estilísticos que hacen de *Todo lo inolvidable* un tapiz de palabras difícil de olvidar, existe otro plano hermenéutico en el libro que rinde su contenido al tema eterno del amor. Hay quien dice que el amor es un invento de los líricos griegos arcaicos. Que sin los escasos fragmentos que han llegado hasta nosotros de autores como Safo, Íbico y Mimnermo (por citar solo tres nombres fundacionales) no existiría el amor tal y como lo concebimos hoy. Cierto es que la poesía generada en el Creciente Fértil (Egipto y Mesopotamia, sobre todo) entiende el amor desde una perspectiva exclusivamente sexual, ignorando los afanes, plenitudes y desengaños que conforman nuestra idea del amor, consagrada en el Medievo por los poetas provenzales y en el primer Renacimiento por el mencionado Petrarca y su pléyade de discípulos. Pero, al final, sean o no los poetas griegos arcaicos los inventores del amor, lo que importa es el desarrollo del concepto a través de los siglos, y hoy tenemos una idea cabal del amor y de su *Gefolge* de maravillas y pasiones. Y ese terreno lo cultiva el poeta con una delicadeza y una profundidad de espíritu que no he encontrado en otra parte con tanta intensidad como en los versos de Alejandro Guillermo Roemmers: un poeta imprescindible.

Luis Alberto de Cuenca
Real Academia de la Historia
Madrid, 7 de enero de 2026

TODO LO INOLVIDABLE

EL NOMBRE DEL REBELDE

Crecí sumiso, bien adaptado,
conforme a las normas del «qué dirán».
La libertad se construyó
a golpes de rabia
sin más guía que el latido
de mi propia voz.

En cada resquicio
modelé mi figura
cual aprendiz de artesano
a base de cincel y miedo
sangrando por las grietas
de un tiempo sin luz.

Nada fue fácil:
ni el desgaste, ni el precio,
ni los límites impuestos
o la vergüenza de callar.
Pero nada detuvo
mi sed de gladiador,
guerrero de la luz
y rebelde en las sombras.

Sacudí el ajedrez del mundo
y cambié su batalla:
creé mi rey, mi reina y mi castillo.
Levanté mis torres
y soslayé mis alfiles
para apropiarme del destino
que me negaron ser.

Y ahora, aquí,
en este espacio-tiempo que inventé
al que llamo vida,
despojado de reflejos ajenos,
solo soy lo que he hecho
de las luces y las sombras.

Algunos me llaman Libertad,
pero mi nombre es Amor.

(*El Tabaquillo*, 18 de abril de 2025)

EL ORGULLO DE LOS DIOSES

No hay amor entre los dioses.
¿Cómo podría haberlo?
¿Cambiaría un dios la imagen,
repetida hasta el cansancio en los murales,
para enaltecer allí el rostro de la amada o del amado?
¿Compartiría sus iconos, los obeliscos, las pirámides?
¿Sería capaz de elevar otra esfinge, otro coloso?
¿Aceptar otra palabra?
¿Una voluntad de igual rango que la suya?
¿Entregar el portal de sus pupilas,
como se ofrecen al extraño los espejos de una casa?
¿Sería un dios capaz de renunciar
a la adoración sumisa de sus fieles,
las procesiones, los himnos y el incienso,
para arrodillarse alguna vez
ante el santuario desnudo de otros brazos?
¿Se internaría en un laberinto incierto
con antorchas de intuición,
confiando en la madeja sutil de las palabras
y la delgada fibra de unos besos?
¿Dejaría de ser amo de su cielo
para atravesar nuevamente los infiernos
y resucitar tal vez y solo tal vez
a nuevas eternidades compartidas?

Y sin embargo, mi dios,
si te agobia tu soledad omnipotente,
tu rutina de inmóvil perfección,
la falta de sorpresa corroída por el tedio,
desciende de tu olimpo de juventud y de belleza,
que están ardiendo mis biblias y mis templos,
para renacer sin cultos y sin dogmas.

Que otros dioses se contemplen por siempre
desde sus minaretes y sus gárgolas,
desde sus acrópolis y sus calvarios,
con las miradas de piedra y los pechos de mármol.
A ti y a mí, que somos apenas un instante,
una efímera condensación de la energía,
la vida se nos escurre como el viento
que juega con las hojas del otoño
entre los pedestales.

PACTO DE ALMAS

Al filo de la noche el pacto se firma
en la lengua antigua del silencio
y de un amor que nunca existió,
y aun así, lo habita todo.

Nos miramos,
dos sombras errantes
que exceden el umbral del cuerpo;
así nos prometemos
en el eco de un verso roto
que seremos memoria y olvido
al mismo tiempo.

Te buscaré en cada palabra ajada.
Tú lo harás en los días
que ya no habite mi sueño,
en los laberintos del corazón,
en el roce de los labios
que nunca se tocaron,
en los pasos que dimos
y quedaron desiertos.

El pacto no pide
ni ofrece promesas.

Es escribir
con tinta de infinito
versos de amor
donde respira el viento,
y un poema de olvido
cuyas palabras nunca sabremos.

Dos bailarines
hasta la aurora
en una orilla de estrellas
que fluyen como el agua
en una danza sin pasos.

El pacto es fundirse
con lo efímero que existe
y con lo Eterno que Es,
sin saber hasta cuándo
y sin preguntar por qué.

Un pacto que sigue, invisible,
y seguirá por siempre,
hecho de carne y de luz,
sin importar si en tu voz
hay vida o si hay muerte,
inmune en la fragua
donde se templa el olvido.

EL PESCADOR

No quiero de ti palabras grandes,
ni la épica de un vértigo impostado,
que tiemblen como burbujas en el aire
y se disipen vacías sin un rastro.

Me basta el pulso invisible
con que arde la vida
sobre un abismo insondable
de oscuridad sin tiempo:
aunque seamos fuego un día
y nos consuma por entero una noche,
porque amar es arder
y cada instante de amor es infinito.

Admiro en ti lo pequeño, lo intacto,
la humildad del grano en su espiga,
lo fértil del barro en las manos,
la certeza luminosa de tus ojos
que despiertan los colores del amor
cuando atraviesan el cristal
y desatan mi sonrisa.

No preciso del humor ni del ingenio.
Me basta tu presencia sin costuras;

las bellas formas que dibujan
tus gestos cotidianos en el aire;
la manera en que preguntas
las cosas más triviales.
Cosas que a nadie más le importan:
si las gotas de lluvia
que agrupa el viento en la ventana
son el rebaño de las almas
que bajan de la ausencia del cielo
hasta un reencuentro.

Traspasaste el umbral sagrado,
las murallas inútiles del miedo,
y tendió, ingenua y frágil,
mi fortaleza su puente levadizo.
Ya no preciso sus vanos tesoros
ni esculturas perpetuas
que me honren en piedra.
Ni ansío un reino más amplio
que el contorno de tu abrazo.

Me basta tu calor
en el borde secreto de mi sombra
para revelar en silencio
la verdad más profunda de la vida:
el amor que siempre está
y no se dice…

… Y así, mordí tu señuelo esa mañana,
contento de que me atrapes y hagas tuyo.

Y elegí amarte
como quien escribe un poema en la arena,
sabiendo que el mar lo leerá
antes de borrarlo.

AMORES SIN FRONTERAS

Hay amores
que llegan de una vez para quedarse,
que nacen sin fronteras
y avanzan atrevidos
desbordando los márgenes del cauce
como expande el universo
su torrente de galaxias.

Hay amores
que no requieren permiso.
Entran sin avisar y nos sorprenden
como la luz del sol por las rendijas
que delatan la imperfección de las persianas.

Así llegaste a mí,
como un murmullo de agua fresca
por una grieta en la vida o en el aire,
como universo impredecible
que abraza y me da vida,
libre y salado como el viento
que besa con la espuma
al faro perdido en su nostalgia.

DESDE QUE LLEGASTE

Desde que llegaste, el invierno
no es más que una historia ajena
y la noche una fiera dormida
que ya no me acecha.
No sé si es tu voz o tu abrazo
pero el mundo pesa menos
desde que me habitas.

Desde que llegaste
la dicha se ha vuelto costumbre
como si nunca hubiera sabido
vivir de otra manera.
La luna es ahora un puerto,
una casa abierta y fraterna
donde nuestras miradas se encuentran.

Cabalgamos el tiempo
como si tuviéramos las riendas
de su espectro salvaje,
sabiendo que en este universo
la eternidad del amor
no está en la promesa que posterga
sino en la infinitud de cada instante.

TE QUIERO

Te quiero,
pero no como se quiere
lo común o lo sobrenatural.
Te quiero con la calma
con la que llega el otoño:
silencioso, inevitable, sereno.
No te quiero a mi manera.
Te quiero a la manera del bien,
de la tranquilidad:
como al agua,
que sigue su cauce sin prisa;
como al viento,
que acaricia sin romper.
Te quiero, como se quiere
una tarde de domingo,
llena de paz,
de quietud que se extiende
sin buscar explicación.
Te quiero
como se quiere la certeza
de que todo está bien,
como se quiere al mar,
que une y que separa,
como se quiere un abrazo

que borra la distancia.
Y sin embargo, no te quiero
con el fuego del deseo,
ni con el ardor de los locos
ni el ideal de los poetas.
No hay en mí tormenta
ni pasión desbordada.
Te quiero
con la misma naturalidad
con que florece la existencia,
como ríe la vida
ante el hombre que es libre.
Te quiero, simplemente,
como se quieren las palabras
que nunca se dicen,
como al silencio
entre las notas de una canción
que, sin sonar,
aún se siente…

AMOR ENTERO

Amor oscuro, claro, amor entero,
que a todo da valor y da sentido.
Un fuego que jamás será extinguido
nos enseñó a servir por ser primero.

A veces ciego y sordo y aún certero.
Se oculta cuanto más es perseguido.
Es libre en la amistad como en un nido,
este amor fugitivo, aventurero.

Guerrero más humilde que arrogante,
va desnudo, sonriente y elegante,
este amor infinito y pasajero.

Capaz de sorprenderte y de turbarte,
misterio de la música y el arte,
no es perfecto, mas siempre verdadero.

ESCRIBIR EN TI

Quiero escribir en ti,
sin más papeles ni pantallas.
Dejar palabras en tu espalda
como quien deja promesas
en la arena,
en un idioma secreto
que solo el cuerpo entiende.
Quiero escribir sobre tu piel.
Que fluya mi escritura
por tus hombros
como un torrente luminoso
de imágenes vividas o soñadas.
Con la tinta del querer
abrir el surco de mis versos,
cultivar mis rimas en tus valles.
Dejarte poemas como noches
y latidos como estrofas
que devora el fuego de la vida.
Quiero acentuar la elegía de tus ojos
y perderme en las metáforas
de muslos y caderas.
Dejar entre paréntesis tus fallos
y reencontrarte siempre
en la sabia moraleja de tus labios.

Quiero escribir sobre tu carne
para que puedas leerme
con los ojos cerrados
y escuches el silencio de las pausas
cuando no puedan las palabras
contener todo lo que siento.
Quiero escribir en ti,
con vida, mis mejores versos,
inmutables y eternos
en la esencia del amor que te dedico,
pero nuevos, frescos y ardientes
cada día.

LO NUESTRO

Lo nuestro
                    no tiene nombre
                                        ni lugar
                                            ni fecha para celebrarlo…
Es un vuelo de aves
sobre la planicie interminable.

Es como el tiempo
cuando fluye libre,
sin esfera que aprisione
ni aguja que señale.
Cada día
es festejo de otro día.
Cada noche,
aniversario de otra noche.
Amantes del alma
que no se pierden en las ruinas
ni contornos del cuerpo.

Nos delata
una presencia en los ojos,
un silencio en las palabras.
Lo nuestro,
son racimos de vivencias

que cuelgan maduros
de un eterno presente
que los devora huyendo.

Es cierto, no fue fácil…
Vendavales de odio
y tormentas de orgullo
sacudieron, incipientes,
los frutos desnudos.
Luego, llegaron el sosiego,
las alegres golondrinas
y las mieles del alba.
Demasiado poetas,
para estar cuerdos.
Demasiado cuerdos,
para ser razonables.

Lo nuestro es la verdad,
el sendero menos recorrido.
Es tan triste la mentira,
tan arduo el engaño.

No hubo recetas ni maestros:
tuvimos que inventarlo,
como alfareros torpes,
a fuerza de tropiezos
y de abrazos.
Romperlo una y otra vez
como se quiebran las horas
en el filo de la soledad

que se agrupa en los espejos.
Juntos, delineamos los días
y reescribimos las noches,
hasta aquellas tenebrosas
de la infancia, para agregarles
grillos y aromas,
luciérnagas y estrellas.

Lo nuestro,
casual o inevitable,
es un torrente misterioso
que da vida en abundancia
a quien se acerque.

No tiene nombre
                    ni lugar
                              ni fecha.
Es polvo de estrellas
en el amor del viento…
                              Como lo suyo.
                                             Y lo vuestro.

EL MAGO

Vende inocencia,
gana su causa.
La palabra es niebla.
Su ensayada confianza
enturbia el gesto.
Se agita la realidad
y escapa al ojo
la deseada traición.
Cae la verdad
rota en aplausos.

REFLEJO

Cae la tarde
y quiebra tu cintura el horizonte:
en la quietud esencial
el tiempo se desnuda.

Pisas la arena
y se enciende tu piel de caracolas:
cálido refugio
de porosa inquietud.

Echas a andar
y un destino de huellas se desprende:
raigambre certera
en inciertas venturas.

Cruzas las olas
y reflejas veranos más azules:
memorias coralinas
de saladas ausencias.

Encuentras la roca
y su entrega rotunda te estremece:
amorosa constancia
en dolientes pleamares.

Como un ave peregrina
regresa tu sonrisa

desde los ojos de la noche:
rompiente lunar
sonora espuma,
destello de marfiles.

CANTANDO SOBRE LAS AGUAS

(Canción de F. Schubert arreglada
para piano por F. Liszt)

Como el amante en busca de su amada,
va el cisne herido, blanco y vulnerable,
desafiando el torrente, inquebrantable,
que se encrespa sonoro en la cascada.

Fino el cuello, serena la mirada,
nada quiebra su marcha imperturbable
que atraviesa, filosa como un sable,
el agua que se aparta enamorada.

Ya se eleva su canto hasta el lucero
donde habita en amor incandescente,
la palabra sin tiempos y sin dueños.

Y al detenerse, un cielo más ligero
que flota en el remanso transparente,
ya no pesa en sus alas ni en sus sueños.

¿QUÉ ESPERARÉ?

¿Qué esperaré,
cuando ya no quede nada que esperar?
Cuando la memoria se agote
y comience el olvido,
cuando avance el silencio
y la verdad se acerque.

¿Qué esperaré,
cuando los sueños queden atrás,
las mañanas sean breves
y las noches más largas?
Cuando los días intensos
ya estén vividos,
y las promesas,
como las amistades,
se muestren, al fin,
verdaderas o falsas.

¿Qué esperaré,
si ya no hay poema
ni mentira dulce
que aliente el alma?
Cuando no me atreva a celebrar
por miedo al recuerdo,

y la esperanza de la fe
sea menos necesaria
que estar aquí, contigo.

Amor mío,
enséñame a ser libre
de la trampa del futuro
y la cárcel del pensamiento.
Déjame vivir en tu abrazo,
en tu sonrisa de niño,
y no mirar, ni por un instante,
más allá de ti.

LA VENTANA

Ven, acércate.
Déjame ser tu ventana.
Aparta mis cortinas
y ábreme de par en par.
Siente como entran la luz
y el aire fresco.
Ven, asómate, respírame.
Inhala la paz del valle,
el aroma de sus flores,
la fe paciente de los labriegos.
Deja que tus ojos descubran
esa pradera verde
donde dos jóvenes se besan;
que tus oídos descansen
en el murmullo del arroyo
y tus recuerdos sonrían
junto a los niños que juegan.
Permite que tu corazón repose
bajo un árbol frondoso
donde un poeta solitario
escribe, ama y sueña.
No te quedes allí, parado,
solamente mirando.
Ábreles también tu ventana,

ábrela de par en par,
para que el valle y las risas,
los niños y los sueños,
los besos y el viento,
entren por ella.
Ábrela,
para que pueda abrazarte
como la luz del día,
como un resplandor de luna,
como un destello del alma,
con estos brazos
de tierra y de cielo.

AMOR SIN MEDIDA

No te atrevas siquiera a imaginar
que pueda haber un cálculo
para este desbordante torrente
que desafía y excede
toda convención, toda medida.

Te amo en toda mi extensión,
como el mar ama a la luna,
cuando retiene y acaricia su reflejo
y al compás de las olas
lo extiende, cautivo, hasta la orilla.

Te amo, como la flor que absorta
sigue al sol por todo el cielo,
sin temor de quemarse toda entera
por no dejar de contemplar
al ser que le da vida.

¿POR QUÉ LES TEMES…?

¿Por qué les temes a mis manos?
Si son dos palomas blancas
que vuelan sin nido
sobre tu piel distante.
¿Por qué ese temblor?
Esa presencia que huye
y se aleja como extraño
a refugiarse en sus murallas.

Dime por qué…
¿Por qué les temes a mis manos?
¿Qué podrían despertar,
sin saber, inocentes,
si dices que no queda amor
en tus montes ni en tus valles?
Si no tienen filos
ni ocultan garfios…

Si no son más
que dos palomas blancas
que vuelan sin nido
sobre los pliegues agrestes
de tu piel distante.

AMOR OSCURO

A Federico García Lorca

Sé que este amor que ocultas por oscuro,
resplandece, y vendrá como la aurora,
y será luz, lo que es de noche ahora.
Ten el valor de derribar el muro.

No es cierto que el querer se vuelva impuro:
como la nieve, donde cae ignora,
pero a todo de blanco lo colora
y así cubrirte con mi amor procuro.

Cuando al fin me rendí y solté la brida,
corriste sin parar hasta el desmayo;
y al volver la cabeza enceguecida

te atravesó la claridad de un rayo
al entrever el fondo de tu vida:
antes de amarte apenas fue un ensayo.

LO QUE NUNCA DIRÁS

Hay palabras que se disuelven
como el vapor entre los dedos,
frágiles,
como las luces de la tarde
que no alcanzan a tocar la arena.
Y hay silencios
que escapan de sus tumbas
y brotan desaforados
desde el centro de la tierra
para gritarnos toda su verdad.

Son esas palabras y silencios
que presumo agazapados
en la esquina de tu boca
sin atreverse a saltar
al aire entre nosotros.
Prefieren quedarse
en la sombra, tras los dientes,
al amparo de tus gestos,
como el eco perdido
de una duda inalcanzable.

Lo que nunca dirás
es lo que me quema la piel

cuando te busco en la oscuridad
y no puedo tocarte.
Esa grieta en el alma
que la socava sin piedad
disfrazada de olvidos
y promesas rotas.

Sospecho,
que lo que ya no dirás
es esa palabra sincera
que siempre llega tarde.
Una frase que comienza
con una respiración a medio paso
y se queda atascada
en el paladar de la nostalgia.

Y tú,
tú ya no estás.
Solo queda un rastro sin retorno…
El espectro vacío de lo que fuimos,
que creció hasta ocuparlo todo
con lo que nunca me dijiste
y ya no me podrás decir.

COMO LA ARENA…

Como la arena
que arrastra un viento incierto,
cubro el vacío de tus pasos.
Regresarás, aunque digas «nunca»,
y retomaré tus formas.
Volverás a partir, aunque jures «siempre»,
y ocultaré tus huellas.
Como esa arena
que depura el tiempo,
seré paciente
al escudriñar las olas…
Distingo la tuya
por el rumor alegre.
Llega precedida de aves blancas,
el sol flamante en su cresta de plata.
Y en mi piel de arena
tu caricia fresca
recobra la memoria
de infinitas caracolas.

TE IRÉ A OLVIDAR…

Te iré a olvidar al sitio más hermoso
donde es rival la tierra para el cielo
y no hay dolor mayor que mi consuelo
ni ansiedad que no encuentre su reposo.

Te iré a olvidar, ni triste ni animoso,
a la isla imaginaria de mi anhelo.
En aguas transparentes como un velo,
mirar cómo te vas y ser dichoso.

Sobre el cristal turquesa, pensativo,
con reflejos de sangre y madreperla
te veo partir hacia el coral del llanto.

Mi alma, Apolo de ritual altivo,
que igual te seguirá hasta perderla,
te dejó de querer, por querer tanto.

EL SAUCE Y EL RÍO

Ya fluyes libre
en busca de ti misma
por el cauce impensado
que te condujo a mí.
Por un instante
fuiste un sueño
que abracé dormido.
Yo, un remanso,
tal vez un nido.
Nuestro beso
sacudió el murmullo
con el vértigo
de sentirnos vivos.
Pero ¿cómo podía
detener el impulso
de prolongar la vida?
Y sin embargo
aún se extiende tu cuerpo
a mi caricia,
aún duele
en el torrente de tu sangre
esta gota de herida.

YO TE PRESENTÍ

Yo te presentí,
tú me sabías.
Sin máscara
ni anécdota
ni tiempo.
Apenas una breve rigidez,
un escarceo,
como prólogo inefable de lo auténtico.
Melodioso fluir de humanidad,
desnuda plenitud del sentimiento.
¡Qué sencillo el lenguaje de las almas
en aquellos vocales instrumentos!
De Quito a Delfos
me llevaste en el almuerzo.
¡Cuántos libros compartieron su intimidad
entre tus dedos!
Seguí tu rostro
en marcos plateados de recuerdos,
escuché tu soledad adolescente
rimando con mis versos,
y atravesé las formas
por la pintura abierta
componiendo el nombre
oculto por la tela.

De pronto, sin quererlo,
me estaba despidiendo
con los ojos vírgenes
en la tierra avizorada
y una promesa
de alas y senderos.

¿QUÉ ES EL TIEMPO?

¿Qué es el tiempo? No sé. Si me preguntas
aquello que de usual se vuelve incierto;
en un principio y un final abierto,
es recta y espiral y es ambas juntas.

Va en el tiempo y la vida como yuntas
que arrastran el ensueño de ir despierto,
como una caravana en el desierto
que termina y comienza en ambas puntas.

¿Cómo es el tiempo? Si no estás, inmenso.
Y vuela escurridizo entre tus labios,
picaflor que no posa ni un momento.

Hoy es breve y mañana tan extenso
que enseña hasta al más grande entre los sabios
a gozar aceptando su tormento.

CUMBRE NOCTURNA

Helada inmensidad,
colosal blancura,
que el manto de la noche
no alcanza a cubrir
bajo el misterio astral
de un cielo abierto.
Espectro elevado
de hielo y nieve
que derrota las tinieblas
y abre en su cúspide
una herida secreta al universo
por donde asoma,
pálido y sereno,
el resplandor de la luna.
Todo es blanco.
Todo es frío.
Todo es silencio.
Todo es olvido.

INSOMNIO

Se abre la noche
al cerrar los ojos.
Se abandona la razón
y el sentimiento es libre.
Vuela la fantasía
cuando la realidad no pesa.
Hombres de insomnio,
entre rejas de luz
prisioneros del día.

AQUÍ ESTOY…

Aquí estoy en la cúspide más alta
bajo el cielo recién amanecido
buscando el horizonte compartido
cuando algo me perturba o sobresalta.

Sabré esperar el tiempo que haga falta
hasta cumplir aquello prometido.
Sabré aguardar, amante y decidido,
sintiendo el corazón que se me salta.

La distancia es un puente levadizo
sobre un foso de noches solitarias
junto al bastión desierto en la conciencia.

Y en cada sueño encuentro un pasadizo
que conduce por criptas carcelarias
al abrazo esencial de tu presencia.

LA TARDE Y YO

La tarde pasa…
Nadie la percibe.
Su calma se desliza
por laderas de amancay
y quebradas boscosas.
Un bálsamo tibio,
de aromas silvestres,
arrulla al día
bajo la luz dorada.
Toda la creación descansa…
Al atardecer,
se pierden los caminos
sin luna ni rumbo
cuando riela el lucero
sobre las araucarias.
Una campana flota
sobre el aire quieto.
El tero repite
su nota aguda y franca.
Todo se detiene:
como un manto pesado
cae a la tierra
el silencio, de rodillas.
Y en la paz

que abre sus alas
se reflejan
la profundidad del corazón
y la del día.

EL TORO

Evítame, Señor, los picadores,
el acecho voraz del mercenario,
la multitud, las burlas, el calvario,
los escualos, las hienas, los roedores.

No te ruego indulgencias ni favores:
que se presente listo el emisario
a cumplir con rigor Tu calendario
sin duda o compasión por mis errores.

No reclamo batirme con grandeza:
que transcurra cobarde en un segundo
la súbita y certera puñalada.

Al corazón abierto con franqueza,
atraviésalo rápido y profundo
cuando me llegue el tiempo de la espada.

SONIDOS

Sonidos húmedos, cálidos, rotos,
en la tórrida noche de verano.
El ladrido solitario de un perro
y en la sombra los grillos y las ranas.

Anónimas palabras y susurros
que navegan, exentos, por el aire.
El eco de una puerta que se cierra
y un silencio furtivo que me acecha.

Sonidos con sabor a casa.

CHAPARRÓN

Se desata la lluvia
en los otros grises
y castiga el viento
los cuerpos quebrados.

Las fauces del tránsito
se agitan en bocinas y charcos.

Pero la nube pasa
y el sol sonríe al colectivo
desde las revistas del quiosco.

Una pareja camina de la mano
hacia el banco mojado de la plaza.

ISLA NEGRA

A Pablo Neruda

Que no eres isla ni eres negra. Puente
que se extiende hacia el mundo rompeolas.
Te desprende un rumor de caracolas
del frágil sujetar del continente.

Y no eres negra en esta noche. Siente
los poemas de Pablo entre las olas,
un fulgor en la espuma, son farolas
encendidas de mar, en la rompiente.

Isla negra, refugio del poeta,
pleamar de su dolor y de aquel sueño.
Guarda el grito, carbón apasionado,

clavado en el azul como saeta.
Rocoso altar del corazón sureño,
fértil volcán de amor desesperado.

LA MUERTE DEL POETA

Los días huyen como alondras
de los labios que besan…
Las manos laboriosas
dejarán una mañana
su huerto de desvelos
a las zarzas.

Se nublará de flor la primavera,
estallará su cuerda el horizonte
y enmudecerá el ave del poniente
propagando el verano en la garganta.

Hacia el otoño, resecados,
caerán sus versos de las ramas.
Luego será el silencio…
La noche disipará los rostros,
mientras la soledad, liberada,
rondará de alma en alma.

LA VOZ DE UN PUERTO

A Alfonso Larrahona Kasten, poeta de Valparaíso (Chile)

… Madero solitario de
un luminoso naufragio
… silvestre arcángel desvelado.

Yo quisiera decirte que no es vano
ese arrojar tus rimas al silencio,
las palabras ardientes sobre el lienzo
que surgen como un dardo de tu mano.

Yo quisiera llorar contigo, hermano,
por las balas y el odio que presencio,
por un mundo, que a veces cuando pienso,
parece más de fiera que de humano.

Y si extrañas en la vieja costanera
otra sombra, tu cíclica quimera:
se elevará tu voz desde las olas

cual rugido ferviente de un hechizo
que vuelve a su ciudad, Valparaíso,
para hablar a las almas que están solas.

DIEZ MIL MILLAS DE MAR...

Diez mil millas de mar son muchas olas
que rompen su esperanza cada día.
Muchas bordas de oscura travesía
cuando no se divisan las farolas.

¡Diez mil millas de un mar sin caracolas!
¡Diez mil de mar, ninguna de alegría!
Diez mil acantilados sin bahía.
Diez mil millas de mar y estar a solas.

Las sumé una por una desde el puerto.
Te juro, porque acá me caiga muerto,
que no agregué ni un metro de rencor.

Diez mil millas de mar nos alejaron,
diez mil millas de sal se precisaron
para apagar el fuego de este amor.

CÓMO SERÁ LA MUERTE

¿Cómo será la muerte cuando llegue?
¿Cómo se acercará? ¿De qué manera?
¿Obstinada y voraz, aunque la niegue,
caprichosa, sensible, compañera?
¿Sabrá esperar el día que me entregue
consumado y sereno en su frontera
o surgirá de pronto, en un repliegue,
siniestra, inoportuna, justiciera?
Miraré, sin que odie y sin que ame,
cómo enfrenta mi vida el laudo incierto.
Y cuando, seductor, el beso infame
me arrebate el aliento, brusco y leve,
verá la luz, el ánimo encubierto,
fresca y ardiente como fuego y nieve.

TÚ Y YO

Al poeta y amigo Luis Alberto de Cuenca y Prado

Tú vienes del acero,
yo te recibo en piedra.
Tú arrastras la ciudad,
yo te libero en sierra.
Tú citas a Verlaine,
yo traiciono a Rimbaud.
Tú te vistes formal,
yo tan solo de «sport».
Tú coleccionas frases
en un latín que ignoro;
ya te honra un ministerio,
yo no leí a Huidobro.
Te entrego una llanura
que extiende tu meseta.
Tú me regalas libros,
yo te dedico arena.
Si vas por bibliotecas,
te sigo por los montes:
tú avanzas entre hojas,
yo corro por los bosques.
Si saltas anaqueles,
me lanzo por los ríos:

y si señalas muros,
yo me detengo en lirios.
Tú habitas en la calma,
yo impulso tempestades.
Tú aguardas en jardines,
yo avanzo por los valles.
Tú luces la armadura,
yo digo lo que siento.
Tú sabes por la Historia,
yo escucho solo al viento.
Tú inspiras el perfume,
yo embriago mis pulmones.
Tú encuentras las fronteras,
yo escapo en horizontes.
Tú extrañas una casa,
yo fluyo por las calles.
Tú vienes de un amor,
yo busco soledades.
Tú piensas el origen,
yo intuyo ya las causas.
Tú duermes con relojes,
yo sueño entre las plantas.
Tú llevas los blasones,
yo entrego mis banderas
y vivo en este instante
por sobre tantas fechas.
Si nombras este día,
recordaré su aurora,
me dices: «nunca» y «siempre»,
yo te respondo: «ahora».

Tú aprendes de Cervantes,
y yo del Martín Fierro;
cuanto tienes de hidalgo,
lo tengo de escudero.
Tú, diestro con la espada,
yo, franco con el pecho.
Tú, sabio con las artes,
yo, indómito en el ruedo.
Recorre tú ese mundo,
que yo contemplo el cielo:
y tú, sabiendo tanto…
y yo ignorando aquello.
Me vences con palabras
mas crezco en el silencio:
tú abarcas los confines,
yo avanzo en el misterio.

MORIR LO IMPRESCINDIBLE

Elegía, a Esther de Izaguirre

Es hora de morir lo imprescindible
y rebrotar lo necesario,
de rescatar tu palabra esencial y despojada,
hecha de perfección y de extravíos.

Poemas con voz de lámpara y voz de vida,
como un adiós que no decimos,
que entregan su dolor a cielo abierto,
en una tierra de cunas y presagios,
de estridencias y recóndita armonía,
como entrega el instrumento
toda el alma en un sonido.

Es tiempo de regresarlos de la noche,
de la extraña editorial del desperdicio,
del limbo inesperado del azar
y la biblioteca de la desmemoria.

Inventaré una primavera, una cualquiera,
en un mercado amable y desierto,
para ofrecer tus culpas y tu pena,
para que renazcan tus entrañas amarillas,

con la alegría animal de los campos en septiembre,
y algo de ti responda que has vivido,
y algo de mí denuncie que no has muerto.

Es hora de liberarlos de los senderos angostos
y arrancarles la tumba que los clava al suelo
por el socavón del pecho.
Para que con sus alas abiertas,
inagotables en sí mismos,
trasciendan los horizontes
rebosantes de viento.

No es tiempo de máscaras,
de ser otro y gritar ausente.
No es tiempo de abandonar los sueños
como guitarras con las cuerdas rotas,
o semillas sedientas
en los surcos mendigos de la tierra.

Ya pasó el tiempo que lastima,
el largo peregrinaje de la ilusión buscada,
el tiempo de la nada y de la queja,
el profundo invierno de la melancolía,
en que secaste a un Dios lejano
la fuente incomprensible de sus lágrimas.

Que el áspero tronco
recobre manos de azucena,
que del tiempo pasado
queden apenas vestigios
de cobre en las monedas,

y en la sonrisa que despunta,
una sospecha de emboscada
y alguna limosna de tristeza.

Quiero torcer tu destino lacerado, irrescatable,
detener la sombra de Dios
sobre el calvario estéril de tu mano;
resucitar el manantial intacto de tu infancia;
tocar tus llagas restañadas;
contemplar juntos otra vez lo que no dura;
abrir en el tiempo un resquicio para amarte,
allí donde el dedo de la noche
me señale el agujero en tu costado,
por donde te nace la poesía como un ala.

Quisiera hundirme
hasta tocar fondo en los abismos
para que sin morir, amanecieras.
Revivirte, con banderas de luces y milagros,
con esas ansias de hacer trizas la cordura
y ese insensato amor a la poesía.
Regresarte, serena y ligera,
como una mínima brisa del otoño
en el aire tranquilo de una confidencia.

Verás que vuelven a jugar los duendes de la siesta
por los patios enrejados de la casa.
Y en el huerto fértil de tu página blanca,
volverán los pájaros del tiempo
a detener su rojo desenfreno.

Acallarás la duda de no estar despierta
y volverá al cauce de su geografía
el río desbordado de tus miedos.

Predicadora, profeta o guerrillera,
tú, sacerdotisa del amor,
me ayudarás a rescatar del olvido cotidiano,
las pequeñas cosas que abandona a su paso la existencia.
Porque el amor es eso:
descubrir los abismos,
y dejarnos, con los ojos benditos y despiertos.

Entera de luz, recién creada,
quiero beber contigo las estrellas,
porque esta vez el tiempo…
¡Esta vez el tiempo no llegará primero!
Será apenas, en su eternidad desierta,
una esfinge de amatista
rendida a la pasión tenaz de tu palabra,
esa terca oración de tu ceniza,
y tu insaciable sed de paraísos.
No importa morir lo imprescindible
si ha de rebrotar lo necesario.
No importa que anochezca
y contemples la otra orilla con los ojos ciegos:
si el amor es tu centro,
si del amor tú naces,
por él escribes,
desde el amor existes
y en el amor te encuentro.

IN MEMORIAM

A Christian,
mi hermano menor, en recuerdo
de su último vuelo en Parapente
sobre la Cordillera de los Andes

Desde la cima
observabas las agrestes laderas del cerro
fundirse en la planicie interminable.

El cielo despejado y luminoso
no distraía tus ojos
que seguían inquisidores
el vuelo de las aves.

Olfateabas el viento
como experimentado cazador,
sabiendo que serías presa
de su aliento cálido y seco
si exhalaba una imprevista bocanada
el pulmón cordillerano.

Tal vez un presentimiento
te hizo repasar una vez más,
con paciencia de ajedrecista,

tu brillante velamen
de águila humana.

Con todos los instintos alerta
elegiste el mejor momento,
—vos siempre elegías el mejor momento—
y desplegando tu ala multicolor
emprendiste el vuelo.

Una clara sonrisa iluminaba tu cara
mientras empezabas el juego
de ganarle a la gravedad y tomar altura.
Esperaste el error del adversario
para volcar poco a poco la partida a tu favor.

Tenías tiempo,
—esta vez tenías tanto tiempo—
y aún era temprano.
Ya lo ves,
una pequeña corriente ascendente
te permite tu primer movimiento ganador.

Un poco más de altura
y en el próximo giro
estarás cerca de la cumbre.

De pronto, otra fuerte corriente,
un giro imprevisto del destino,
y vas dejando atrás las otras velas
y hasta el último cóndor

que debió abandonarte sorprendido
mientras seguías ascendiendo.

Algunos espectadores se inquietaron
al verte caer en un remolino.
Pero vos sonreías y ganabas altura,

cada vez más libre,
cada vez más feliz
con tus nuevas alas blancas.

QUÉ SOLO, QUÉ LEJOS

Qué lejos estoy esta noche…
        Ninguna voz me nombra,
                ninguna mano me alcanza.

No logra calmar mi soledad,
otra soledad pequeña;
ni unos oídos comprensivos,
a mis voces desangradas.

El mundo entero
es un vacío que pesa,
un sufrimiento que me arrastra.

Quisiera encontrar otro ser
de la misma medida
y con la misma entrega:
                                        o ya, no querer nada…

Por eso estoy solo esta noche,
por eso estoy lejos.
        Ninguna voz me nombra.
                Ninguna mano me alcanza.

MI SOMBRA

Nacimos a un tiempo,
y cuando crecí,
tú también lo hiciste.
Luego aprendí a andar
y ensayaste a mi lado
tus primeros pasos.
Tropezamos juntos,
y juntos también,
debimos levantarnos.

Como una hermana gemela
o un ángel custodio,
me acompañaste por la vida.
Hija de la luz,
que te ocultas de noche
y me excedes por la tarde.
Ya te veo inclinarte
con el paso de los años,
y cuando me recueste en ti,
sé que estarás para abrazarme.
Nos disolveremos juntos
al abrigo de la tierra,
y sin importar lo humilde o grande
del hombre que haya sido,
tomarás mi forma, y mi tamaño.

TODO LO INOLVIDABLE

Todo lo inolvidable
se queda como el amor
en los bordes de la noche,
y quema nuestros días
con el ansia de una fiebre.

Es el canto dormido
en la cuerda rota
de un instrumento olvidado,
que fue luz en el umbral
y permanece por siempre
en el eco de las sombras.

Un perfume que ya no existe,
pero sigue estando allí;
unos ojos que nos miran siempre abiertos;
una frase persistente
de lo que nunca fue dicho
y ya no nos pertenece,
pero se resiste a morir.

Todo lo inolvidable
escapa al cerrojo del insomnio

como agujeros que la memoria perfora
en las puertas blindadas de la nada.

Y sin embargo,
contra el caos del abismo,
de una partitura absurda,
fuimos dos notas que se encuentran
con la precisión del acorde
de una sencilla melodía,
en la que el tiempo es susurro
y las almas se entienden sin hablar.

Viajeros de una vida errante,
recorrimos nuestros propios desiertos
para dejar atrás las cenizas
de los miedos y los sueños.

Ambos con las huellas
de antiguas caricias que se pierden
en la bruma de los otoños
que ya nunca seremos.
Cada uno sin las sonrisas
que una tarde levantaron vuelo
desde nuestros rostros ausentes
como campanas de silencio
hacia un destino invisible.

Dos llamas que arden
en un mismo fuego.
Dos puñales que laten

en una misma herida,
sin estridencias ni alardes,
como dos ríos que se entrelazan
para acompañarse hacia el mar.

Todo lo inolvidable es eterno,
como los besos que me diste
y los que ya no te puedo dar.

AGRADECIMIENTOS NECESARIOS

Como la vida se construye desde la gratitud, desde la conciencia de que somos una suma de todo lo vivido y lo compartido que nos enriquece y nos va completando, quisiera dejar constancia de mi agradecimiento a quienes han estado presentes, de un modo u otro, en esta selección antológica que conforma *Todo lo inolvidable*.

Quisiera comenzar por Luis Alberto de Cuenca, escritor de voz indispensable que, en mi opinión, merece todos los reconocimientos por su ya incuestionable trayectoria; y, en lo personal, amigo fraterno y eternamente generoso, invariablemente leal, indiscutible quijote de las letras españolas en pie de paz y con la mano tendida. Su lectura de mi obra y nuestras frecuentes conversaciones, tan enriquecedoras y gratificantes, constituyen una de las más hondas recompensas que he recibido.

A la filóloga y estudiosa Alicia Mariño, por su mirada sagaz y crítica, eternamente atravesada por una profunda ensibilidad y una imaginación tan desbordante que enriquecen cuanto tocan. Su amistad es un privilegio.

A Lidia Vinciguerra, vicepresidenta de la Fundación Argentina para la Poesía y mi editora bonaerense, tan atenta a cada detalle, que cuida los versos con la misma pasión que imprime a cuanto emprende.

A Antonio Requeni, miembro de la Academia Argentina de Letras y autor del prólogo de *Todo lo inolvidable* en su edición argentina, por su gentileza y por la lucidez de sus atentos consejos.

A Óscar de Baltodano, vicepresidente de la Fundación Ernesto Cardenal, por el afable intercambio de ideas sobre vida y escritura, que, en mi caso, conforme van pasando los años, me doy cuenta de que han terminado por fusionarse en una misma realidad.

A Roberto Alifano, cómplice de aventuras en la revista *Proa* y en tantas iniciativas, desde el respeto y la admiración compartida hacia el magisterio del extraordinario Jorge Luis Borges.

A Alejandro Vaccaro, presidente de la Sociedad Argentina de Escritores (SADE), por su amabilidad constante y por sus valiosas apreciaciones sobre *Sonetos del amor entero*, que fueron tan significativas para mí y me estimularon a perseverar.

A Daniel Doura, compositor de sensibilidad excepcional, que comprende lo que supone la unión inquebrantable entre la palabra poética y la música, como puso de manifiesto en nuestra fructífera colaboración que tuvo como resultado la *Sinfonía Argentina*.

Y, naturalmente, a la editorial Visor, que me acoge con tanto cariño en España de la mano de Jesús García Sánchez, su editor, siempre cordial y entusiasta.

A todos ellos, y a tantos que no nombro pero que estuvieron y están presentes desde la amistad leal y verdadera a lo largo del tiempo, gracias por haber alentado, en algún momento, estos cincuenta años de escritura.

Alejandro G. Roemmers

ÍNDICE

Este libro se acabó de imprimir en Madrid,
el día 16 de marzo de 2026, recordando
el centésimo trigésimo cuarto
aniversario del nacimiento
de César Vallejo.